थी हूँ रहूँगी

वर्तिका नन्दा

राजकमल प्रकाशन
नयी दिल्ली पटना इलाहाबाद

ISBN : 978-81-267-2232-7

मूल्य : ₹ 250
$ 10

पहला संस्करण : 2012

प्रकाशक : राजकमल प्रकाशन प्रा.लि.
1-बी, नेताजी सुभाष मार्ग
नई दिल्ली-110 002

शाखाएँ : अशोक राजपथ, साइंस कॉलेज के सामने, पटना-800 006
पहली मंजिल, दरबारी बिल्डिंग, महात्मा गांधी मार्ग, इलाहाबाद-211 001

वेबसाइट : www.rajkamalprakashan.com
ई-मेल : info@rajkamalprakashan.com

आवरण : लाल रत्नाकर

मुद्रक : बी.के. ऑफसेट
नवीन शाहदरा, दिल्ली-110 032

THEE HOON RAHOONGI
Poems by Vartika Nanda

अपराध से छिलती
फिर भी
उम्मीद की लालटेन थामे
हर औरत के लिए

निःशब्द

अपराध पर ही सोचा, काम किया बहुत साल। गहरे उतरती गई हर अपराध के साथ और मन की गलियाँ खुलती गईं। जिन्दगी की परिभाषाएँ समझ में आने लगीं। चट्टानों की चढ़ाई के बीच यह भी दिखा कि थकान और घुटन के थपेड़ों के बावजूद एकला कोई नहीं चलता। खास तौर से औरत। औरत के बिवाइयों भरे पाँव और उम्मीदों से लबरेज मन तमाम उदासियों और ठगे जाने के कड़वे अनुभव के बावजूद उसका साथ देते हैं। इसीलिए मरजानी बनाए जाने के तमाम कुप्रयासों के बावजूद वो थी, है और रहेगी।

कविताएँ हमेशा मन के करीब रहीं, साथ-साथ चलीं, ओढ़नी बनीं और तकिया भी। इसमें फूलों की खुशबू महसूस हुई, कविताओं ने ही आँसुओं की बूँदों को गुपचुप पी भी लिया। कविताओं ने उदासी सोखी, मन को सींचा। जिन्होंने इतना कुछ दिया, उन्हें सहेजने की इच्छा का होना स्वाभाविक था। कविताएँ तमाम ऊबड़खाबड़ रास्तों में साथ बनी रहीं। अब जब बीती यादों के पठारों पर चलती हूँ, तो भी ये परछाइयों की तरह साथ रहती हैं। तब भी अचम्भा यह कि कविता जिन्दगी में दखल नहीं देतीं। सवाल पूछना भी इनकी फितरत में नहीं। ये छाँव बनीं चुपचाप बस साथ चलती जाती हैं। ये कविताएँ आत्मा हैं और यही आत्मा इस समय आपके सामने है। इसलिए इन्हें सिर्फ कविताएँ न समझिएगा।

वैसे कविताएँ निजी दस्तावेज की तरह ही होती हैं। आमतौर पर ये तकिए के नीचे छिपी रहती हैं या अकेलेपन की साथी बनती हैं और जब हवाओं का रुख आसमान की तरफ ले जा रहा होता है, तब भी यह घास की तरह जमीन पर रह कर मजबूत बनी रहती हैं। हाथों की रेखाएँ जब एकाकीपन की पगडंडियों में चलती हैं, तब कविताएँ सम्बल बनती हैं और

जब जिन्दगी भीड़ भरे रास्तों से गुजरती है, तब कस कर थाम लेती हैं उँगली।

वैसे अकेला भला कौन नहीं। सबके अपने पठार हैं, अपने महल, अपनी गलियाँ, अपने-लगते खाली-बेगाने शहर, उनके चौबारे। लेकिन जो अकेली पथरीली राहों की साथी बनें, उन्हें तकिए के नीचे क्या दबाना। यही सोच कर इन्हें संकलित करने का काम शुरू किया।

जिन्दगी के तमाम खाली और कई बार भीड़ भरे पलों में जब भी खुद को सवालों के घेरे में पाती हूँ तो ये कविताएँ साथ देती हैं। पहली कविता 9 साल की उम्र में वीर प्रताप में छपी थी। मां को पढ़ने का शौक था और मेरा लिखना शायद उनके किसी अधूरे सपने को पूरा करता था। इसीलिए लिखना कभी प्रयास नहीं, बल्कि साँसों का संकल्प रहा। जालन्धर केन्द्र के जरिए दूरदर्शन की सबसे कम उम्र की एंकर बनने पर एक चुनौती यह भी रही कि पढ़ाई के साथ टीवी पर प्रस्तुति सबसे अलग कैसी हो। लिहाजा हर कार्यक्रम से पहले अपनी एक कविता रचने की आदत अन्दर समा गई। पहला कविता संग्रह 'मधुर दस्तक' 22 साल पहले, 1989 में पंजाब के एक छोटे से शहर फिरोजपुर में छपा था। तब मैं स्कूल में थी।

बाद में सक्रिय पत्रकारिता में आने के बाद कविताएँ लिखना और पढ़ना, दोनों छूट गया या सच कहूँ तो खुद ही छोड़ दिया। शायद टेढ़े-मेढ़े रास्तों के बीच मैं खुद को भावुक होने से रोकना चाहती थी। अपराध पर रोज की रिपोर्टिंग के बीच आत्मा भी रोज उधड़ती जाती। 15 साल की पत्रकारिता के बाद लगा कि इन बिखरी कविताओं को और इनके जरिए खुद को थामना ही होगा। इसलिए इन्हें अँजुरी में भर लिया।

औरत की कहानी सरकारी आँकड़े नहीं कह सकते। वो सिर्फ खुद कह सकती है पर कहना उसे मुनासिब होता नहीं। इसलिए कविता औरत है और औरत कविता।

ये कविताएँ उन सबके लिए हैं जिन्हें चलते-चलते यों ही कभी कोई ख्याल मिला होगा और वह फिर कहीं किसी चाँद के पीछे छिप गया होगा। उनके लिए भी जो किसी के दुख की वजह बनते हैं और उनके लिए भी जो तब भी अपने लिए सुख की पोटली बाँध ही लेते हैं। इन कविताओं की कुछ पोटलियाँ शायद आपको अपनी ही लगें।

जनवरी, 2012

—वर्तिका नन्दा

अनुक्रम

नानकपुरा कुछ नहीं भूलता

राशन या पानी की कतार में खड़े लोग नहीं हैं यह
यह किसी अपने से मिली थकान, हताशा, उदासी, अपमान की कतार है
एक बिखरी कतार
बुझी आंखों की कतार
डरी-कातर लाचार

यह लोग
दिल्ली के नानकपुरा थाने के बाहर अक्सर दिखते हैं
महिला अपराध शाखा के बाहर बैंच पर बैठे
सिलवटों में सिमटी अपनी हथेलियों को देखते
न्याय पाने की मरी उम्मीद अपने फटे दुपट्टे से बांधीं बैठी इन औरतों को
जिस दिन करीब से देखेंगें
सुन लेंगे
उनसे उनकी आंखों से टपकती किसी तरह रिसती और सिसकती कहानी
आप सो नहीं पाएंगें

नीना का पति शादी के बाद फरार
रवीना का दहेज के लिए मारता हर शाम
और श्यामा का पति
उसे घर के अंदर आने नहीं देता
गर्भवती श्यामा अब बाहर रहती है
पति कहता है पैसा आएगा, तभी आ सकेगी वो अंदर

राधा के पति की तो तीसरी शादी है
पहली दो घर पर जली और मरी मिली थीं
पर उनके जेवर सलामत थे
और राधा का पति भी
अब बारी राधा की है
वो जानती है, इसलिए इस बेंच पर है
कानून बताएगा उसे आज भी
अभी वो जलाई तो नहीं गई न!

इन औरतों के साथ
कई बार उनके पिता या उनकी मां होती हैं
कभी बहन भी
भाई साथ नहीं आते
भाई शायद वही दोहराते होंगे कहीं और
या फिर बहन के लिए यहां आना गवारा होता नहीं होगा
राखी की कसम
महिला अपराध शाखा तक साथ देने की बात कहां कहती है?

महिला अपराध शाखा की कई शाखाएं हो सकती हैं
कानून की बातें करतीं
नियम बतातीं
पीड़ित को और थकातीं
गुनहगार की हिम्मत को बढ़ातीं

एक दुनिया काउंसलर की भी है
समझातीं
बतातीं
फिर एक सीमा के बाद तलाक की विधि बतातीं
आंसुओं के कई खाने रोज उनके साथ चला करते हैं
यहां हर जिंदगी एक खाकी फाइल है

शादी के नत्थी सर्टिफिकेट के साथ
शादी का फोटो और हाजिरी का एक पन्ना
शादी के मायने इस फाइल पर आकर
सूख जाते हैं
रिश्ते टूटते हैं जब यहां पर
तो आवाज नहीं होती
शाखाएं टूटने के आसार देख लेती हैं पहले ही
जानती हैं टूटे पांव जाते हुए शायद और टूटे-से लौटें

अपराध शाखाएं विश्वास की शाखाएं होना चाहती हैं
सातों फेरे फिर से दोहराना भी चाहती हैं
पर पत्नियों को दुत्कारते पतियों की दिलचस्पी नहीं होती शाखाओं में
वे आते हैं यहां-वहां से कहीं आते-जाते हुए
काले कोट में हाथ डाले
किसी एक मुकर्रर दिन पर
और नीनाओं, रवीनाओं, राधाओं को पूर्ण विराम
और हमेशा खाली रहने वाला शून्य देकर
फिर किसी दूसरी सड़क पर चल पड़ते हैं
एक नए अबोध पंछी की दरकार में

सारी नीनाएं इन लीलाओं को जानने लगती हैं
कुछ ही दिनों में
फिर भी आती हैं
नानकपुरे
थके मन की आस का पंछी तो बैठ सकता है न किसी भी डाल पर!

सड़क से गुजरते लोग
नहीं जानते
बेंच पर बैठे
किसी समय का इंतजार करते

ये मायूस चेहरे
जिंदगी में क्या देख चुके हैं

इन बेंचों पर कई अतीत चस्पां हैं
शादी के चूड़े का लाल रंग, भीगी बिंदियां, बिखरे सिंदूर के अंश और
हवन का धुंआ भी
यहां एक कांपता वर्तमान है
स्याह दिखता भविष्य भी

पर सरकार कहती है
महिला के खिलाफ अपराध
घट रहे हैं
अपराधी हाथ न आए, न मिल पाए उसे सजा
तो अपराध घटा ही न!

पीड़ित की कोई ताकत नहीं होती
पीड़ा का नहीं होता साया भी
पर तब भी ये मरजानियां कहां मानती हैं?
ये आएंगी हर बरस, हर महीने, हर हफ्ते
थोड़ी टूटी आएंगीं और फिर पूरी टूट के जाएंगी
पर होता है ऐसा भी अक्सर
कि कई बार टूटने के बाद जब जुड़ता है कोई
तो कोई अनूठा अध्याय लिख जाता है

नानकपुरा जानता है

उसने देखा है गेट से अंदर आने और फिर हमेशा के लिए बाहर जाने के बीच
सदी का-सा जो फासला होता है
उसे तय करने के बाद
नया जन्म होता ही है

वो जानता है
औरत होने की एक कीमत होती है
जो कई बार इन्हीं बेंचों की उदास दोपहरों में अदा होती है
वह जानता है यह भी कि
यह मरजानियां, करमजलियां जब हाथों को पोंछतीं हैं
समय के खुरदरे तौलिये से
और मिटा देती हैं सिंदूर की फरेबी रेखा
तो उनकी उड़ान
आसमान से आगे जाती है

तोड़ने वाला इसी बात को भूल जाता है हमेशा
पर नानकपुरा यह नहीं भूलता।

सौभाग्यवती भव!

इबादत के लिए हाथ उठाए
सर पर ताना दुपट्टा भी
पर हाथ आधे खाली थे तब भी
बची जगह पर
औरत ने अपनी उम्मीद भर दी
जगह फिर भी बाकी थी
औरत ने उसमें थोड़ी कम्पन रखी
मन की सीलन, टूटे काँच
और फिर
आसमान के एक टुकड़े को भर लिया
मेहँदी की खुशबू भी भाग कर कहीं से भर आई उनमें
चूड़ियाँ भी अपनी खनक के अंश सौंप आईं हथेली में

सी दिए सारे जज्बात एक साथ
उसके हाथ इस समय भरपूर थे

अब प्रार्थना लबों पर थी
ताकत हाथों में
क्या माँगती वो।

मरजानी

असल नाम
शादी के कार्ड पर लिखा था
कागजी जरूरतों के लिए
कभी-कभार काम आया
फिर पड़ गया पीला

नाम एक ही था उसका–
मरजानी!
तो सुनो कि अन्त क्या हुआ

कि देखो आखिर
आज मर ही गई मरजानी
तब भी चौन नहीं
देह से झाँक कर देख रही है तमाशा
कुनबुना रहे हैं पति
बेवजह छूट गया दफ्तर
सोमवार के दिन ही
बच्चों की छटपटाहट-
काश मरतीं कल शाम ही
नहीं करनी पड़ती तैयारी इम्तहान की।

अब कौन लाए फूलों की माला
नई चादर, नए कपड़े
इस तपती धूप में

कौन करे फोन कि
आओ मरजानी पड़ी है यहाँ
देख जाओ जाने से पहले कि
तुम्हें पता लगेगा नहीं
वो मरी कि मारी गई

मरजानी जानती है
नौकरानी को नहीं मिल रहा
हल्दी का नया पैकेट
पति को अपनी बनियान
बेटे को अपनी ही छिपाई सीडी
घर को अपनी रोज की आदतों का सामान

कैसे बताए मरजानी
घर के किन कोनों में
सरकी पड़ी हैं ये सारी जरूरतें

मरजानी तो अभी भी है
पुराने कपड़ों में लिपटी हुई
बैठक के एक कोने में पटकी हुई
हाँ, मौत से पहले
अगर तैयार कर लिया होता खुद ही
बाकी का सामान
तो न होता किसी का सोमवार बेकार

कौन जाने
आसान नहीं होता मरजानी होना
नकली हँसी हँसते हुए मरना
दीवालियों या नए सालों के बीच मरना
चुपके से मरना
हौले-हौले से मरना
दब-दब कर मरना
और मरना

यह मरना सोमवार को कहाँ हुआ
मरना तो कब से रोज-रोज होता रहा
मरजानी को खबर थी
घर की दीवारों को
रंगों को
चिटकनियों को
बर्तनों को
गीले तकियों को
बस उसे ही खबर नहीं थी
जिसका हो गया सोमवार बेकार।

साल जो बीता

जाते हुए साल से एक पठार माँग लिया है उधार
पठार होंगे
तो प्रार्थनाएँ भी रहेंगी

कहा है छोड़ जाए
आँसू की दो बूँदें भी
जो चिपकी रह गई थीं
एक पुरानी बिन्दी के छोर पर

कुछ इतिहासी पत्ते भी चाहिए मुझे अपने पास
वो सूखे हुए से
शादी की साड़ी के साथ पड़े
सूख कर भी भीगे से

वो पुराना फोन भी
जो बरसों बाद भी डायल करता है
सिर्फ तुम्हारा ही नम्बर

हाँ, वो तकिया भी छोड़ देना पास ही कहीं
कुछ साँसों की छुअन है उसमें अब भी

इसके बाद जाना जब तुम
तो आना मत याद
न फड़फड़ाना किसी कोने पर पड़े हुए

कि इतने समन्दरों, दरख्तों, रेगिस्तानों, पहाड़ों के बीच
सूरज की रौशनी को आँचल में भर-भर लेने के लिए
नाकाफी होता है
कोई भी एक साल।

सपने

इस बार सपने पलकों से सरकाए
सीधे हथेली पर उतार दिए
सहलाया, पुचकारा
यकीन हुआ तितली से रंग-बिरंगे नाजुक ये सपने
मेरी अपनी ही पैदाइश थे
सपने फड़फड़ाने लगे
तो उन्हें तकिए पर रखा
खुशबू आने लगी
लगा उग आए सैकड़ों रजनीगन्धा
सपनों ने हौले से बालों को सहलाया
लगा मेरे साथ उत्सव मनाने चले हैं
लगा दूर दिखती घाटी में
टिमटिमा उठे हैं जुगनुओं के मेले
आज की रात दावत भी सपनों की ही थी
रात की रानी, हरसिंगार, गुलाबों के डेरे
खुशियों के प्याले इतने छलके
इस कदर छलके
सुबह का आना तो पता न चला
अगली रात की दस्तक बड़ी अखरी।

कौन हूँ मैं

इस बार नहीं डालना
आम का अचार
नहीं खरीदनी बर्नियाँ
नहीं डालना धूप में
एक-एक सामान

नहीं धोने खुद सर्दी के कपड़े
शिकाकाई में डाल कर

न ही करनी है चिन्ता
नीम के पत्ते
ट्रंक के कोनों में सरके या नहीं

इस बार नींबू का शरबत भी
नहीं बनाना घर पर
कि खुश हों ननदें-देवरानियाँ
और माँगें कुछ बोतलें
अपने लाडले बेटों के लिए

नहीं खरीदनी इस बार
गार्डन की सेल से
ढेर सी साड़ियाँ

जो आएँ काम
साल भर दूसरों को देने में

इस साल कुछ अलग करना है
नया करना है
इस बार जन्म लेना है
पहली बार सलीके से
इस बार जमा करना है सामान
सिर्फ अपनी खुशी का
थोड़ी मुस्कान
थोड़ा सुकून
थोड़ी नजरअन्दाजी और
थोड़ी चुहल
लेकिन यही प्रण तो पिछले साल भी किया था न।

इस बार की दीवाली

आँसू बहुत से थे
कुछ आँखों से बाहर
कुछ पलकों के छोर पर चिपके
और कुछ दिल में ही

सालों से अन्दर मन को नम कर रहे थे

आज सभी को बाहर बुला ही लिया
आँसू सहमे
उनके अपने डर थे
अपनी सीमाएँ
पर आज आदेश मेरा था
गुलामी उनकी

हाँ, आमन्त्रण था मेरा ही
जानती हूँ अटपटा सा

पर आँसुओं ने मन रखा
तोड़ा न मुझे तुम्हारी तरह
वे समझते थे मुझे
और मैं उन्हें एक साथी की तरह

आज इन्हें हथेली पर रखा
बहुत देर तक देखा
लगा
एक पूरी नदी उछल कर मुझे डुबो देगी
पर मुझे डर न था
मारे जाने की सदियों की धमकियों के बीच
मन ठहरा था आज

तो देखा आँसुओं को बहुत देर तक मैंने
फिर पी लिया
मटमैला, कसैला, उदास, चुप, हैरान स्वाद था
मेरे अपने ही आँसुओं का

आज की तारीख
इनकी मौत है
पर इनकी बरसी नहीं मनेगी
कृपया न भेजें मुझे कोई शोक सन्देश।

नेलपालिश

जब भी सपने बुनने की धुन में होती हूँ
गाती हूँ अपने लिखे गीत
अपने कानों के लिए
और लगाने लगती हूँ
जाने-अनजाने अपने नाखूनों पर नेलपालिश

एक-एक नाखून पर लाल रंग की पालिश
जब झर-झर थिरकने लगती है
मैं और मेरा मन—दोनों
रंगों से लहलहा उठते हैं

इसलिए मुझसे
मेरे होठों की अठखेलियों का हक
भले ही लूटने की कोशिश कर लो
लेकिन नेलपालिश चिपकाने का
निजी हक मुझसे मत छीनना

नाखूनों पर चिपके ये रंग
मेरे आँसुओं को
इन्द्रधनुषी बना देते हैं और
मुझे भी लगने लगती है
जिन्दगी जीने लायक

तुम नहीं समझोगे
ये नाखून मुझे चट्टानी होना सिखाते हैं
इनके अन्दर की गुलाबी त्वचा
मन की रूई को जैसे समेटे रखती है

यह लाल-गुलाबी नेलपालिश की शीशियाँ
मेरे बचपन की सखियाँ थीं
अब छूटते यौवन का प्रमाण

ड्रैसिंग टेबल पर करीने से लगी ये शीशियाँ
मुझे सपनों के ब्रश को
अपने सीने के कैनवास पर
फिराने में मदद करती हैं
ये मेरा उड़नखटोला हैं
मुझे इनसे खेलने दो

पत्रकार होने से क्या होता है?
मन को भाती तो
नेलपालिश की महक ही है।

(नया ज्ञानोदय, जनवरी 2009)

पुश्तैनी मकान

सड़क किनारे खड़ी औरत
कभी अकेले नहीं होती
उसका साया होती है मजबूरी
आँचल के दुख
मन में छिपे बहुत से रहस्य

औरत अकेली होकर भी
कहीं अकेली नहीं होती

सींचे हुए परिवार की यादें
सूखे बहुत से पत्ते
छीने गए सुख
छीली गई आत्मा

सब कुछ होता है
ठगी गई औरत के साथ

औरत के पास
अपने बहुत से सच होते हैं
उसके नमक होते शरीर में घुले हुए

किसी से संवाद नहीं होता
समय के आगे थकी इस औरत का

सहारे की तलाश में
मरुस्थल में मटकी लिए चलती यह औरत
साँस भी डर कर लेती है
उसका कोई पुश्तैनी मकान नहीं
न आसमान
फिर भी
जरूरत के तमाम पलों में
अपनी होती है।

हर औरत...

हर औरत कविता लिखती है
और करती है प्रेम
वो सेकती है रोटी
तो उसमें होता है छन्द

दाल का तड़का
अलंकार से कम नहीं
वो खाती है आखिर में
जूठन में भी तो है तुकबन्दी

उसकी गुफाओं से बहती है कविता की नदियाँ
तुम उसे छापो न छापो
उसकी कविता की किताब
सीधे रब के पास छपती है।

आह ओढ़नी

ओढ़नी में रंग थे, रस थे, बहक थी
ओढ़नी सरकी
जिस्म को छूती
जिस्म को लगा कोई अपना छूकर पार गया है
ओढ़नी का राग, वाद्य, संस्कार, अनुराग
सब युवती का शृंगार

ओढ़नी की लचक सहलाती सी
भरती भ्रमों पर भ्रम
देती युवती को अपरिमित संसार
यहाँ से वहाँ उड़ जाने के लिए।

दोनों का मौन
आने वाले मौसम
दफन होते बचपन के बीच का पुल है

ओढ़नी दुनिया से आगे की किताब है
कौन पढ़े इसकी इबारत
ओढ़नी की रौशनाई
उसकी चुप्पी में छुपी शहनाई
उसकी सच्चाई
युवती के बचे चन्द दिनों की

हौले से की भरपाई
ओढ़नी की सरकन अल्हड़ युवती ही समझती है
उसकी सरहदें, उसके इशारे, उसकी आहें
पर ओढ़नी का भ्रम टूटने में भला कहाँ लगती है कोई देरी।

मंगलसूत्र

पति को याद नहीं रहता
पत्नी का जन्मदिन
उसकी पसन्द
नापसन्द
उसके खाने का समय
उसकी खुशियाँ
उसके मायके का रास्ता
या यह भी कि
शायद कोई रहता भी है
उस घर में

पति को नहीं रहता अहसास यह भी कि
पत्नी को क्यों याद रहता है
उसकी बनियान सूखी या नहीं
सब्जी उसके स्वाद की बनी या नहीं
जरूरत तो नहीं कहीं
उसके सर को मालिश की
कहीं थक तो नहीं गया वो बेचारा
बहुत ज्यादा

पत्नी को सब याद रहता है
पति के बॉस का बर्थडे

उनके कुत्तों के नाम
उसकी बहनों के पते और
उन्हें पड़ने वाले काम

पर पति की याद्दाश्त होती है
बहुत कमजोर
परमेश्वर की याद्दाश्त सही हो
यह कोई शर्त नहीं।

सच

कचनार की डाल पर
इसी मौसम में तो खिलते थे फूल
उस रंग का नाम
किताब में कहीं लिखा नहीं था
उस डाल पर एक झूला था
उस झूले में सपने थे
आसमान को छू लेने के
उस झूले में आस थी
किसी प्रेमी के आने की
उस झूले में बेताबी थी
आँचल में समाने की
पर उस झूले में सच तो था नहीं

झूले ने नहीं बताया
लड़की के सपने नहीं होते
नहीं होने चाहिए
उसे प्रेम नहीं मिलता
नहीं मिलना चाहिए
किताबी है यह और बेमानी भी

झूले ने कहाँ बताया
जिन्दगी में अपमान होगा

और प्रताड़ना भी
देहरी के उस पार जाते ही
पति के हाथों, बेटों के हाथों

जहाँ छूटी अम्मा की देहरी
जामुन की तरह पिस जाएगी
यह फूलों की फ्रॉक
आइस्क्रीम खाने की तमन्ना
मचलने के मजे
कोयल की कूक
तब बचेगी सिर्फ
मन की हूक
और याद आएँगे
कचनार के झूले
किसी फिल्मी कहानी की तरह।

स्त्री

कविताओं का यह दरवाजा
घेरे में ही खुलता है
मत आओ यहाँ
बाहर इनकी हवा आएगी नहीं
अन्दर सुखी हैं ये अपनी गलबहियों में

ये कविताएँ बुहार रहीं हैं
अन्दर आँगन
बतिया रही हैं आपस में
कुछ कर रहीं हैं गेहूँ की छटाई
कुछ चरखे पर कात रही हैं सूत और
कोई लगाती लिपस्टिक सूरज को बनाए आईना

अन्दर बहुत चेहरे हैं
शायद मायावी लगें ये तुम्हें
अन्दर जंगल हैं कई
झीलें, नदियाँ, उपवन, शहर, गँवीली गलियाँ
कमल, फूल, सब्जियाँ और
चरती-फकफकती बकरियाँ भी

इस संसार का नक़्शा
किसी देश के मन्त्रालय ने पास नहीं किया

यहाँ की लय, थिरकन, स्पन्दन दूसरा ही है
कहीं तुम अन्दर आए
तो साथ चली आएगी
बाहर की बिनबुलाई हवा
बँध जाएँगे यहाँ के सुखी झूले

स्त्री के अन्दर की दुनिया
अन्दर ही बुनी जाती है
रोज दर रोज
दस्तावेज नहीं मिलेंगे इनके कहीं
मिलेगी सिर्फ साँसों की छुअन
ठकठकाते दिलों की धड़कन
खिलखिलाते चेहरे
सपनों की गठरियाँ और
उनके कहीं भीतर जाकर चिपके
बहुत सारे आँसू...।

(नई धारा, फरवरी-मार्च 2011)

नमकपारे

एक बूँद जो अभी छलकी हथेली पर
क्या थी वह
आसमान से गिरी बूँद
या आँखों की पैदाइश
लेकिन थी वो नमकीन ही
इन बूँदों से न घर बनते हैं
न खिलते हैं सपने
इन बूँदों से बुझती नहीं प्यास
न जमीन की, न आत्मा की
लेकिन तब भी बहा जाती हैं ये बूँदें
बहुत कुछ
दुख, सपने, हताशा, एकाकीपन, पतझड़, बंजारापन
घुल जाते हैं घोंसले इन्हीं बूँदों से

देखो तो
अभी जो बूँदें गिरी थीं
कुछ देर पहले
उन से फिर
बिखर तो नहीं गई
कहीं मेरी ही कब्र।

(हंस, मई 2011)

कहानी रोज की

रसोई में
रोज तीनों पहर पकते रहें पकवान
नियत समय पर टिक जाएँ मेज पर
इसकी मशक्कत में
चढ़ानी पड़ती है
अपनी डिग्रियों की बलि

जूते पॉलिश हों
आँगन धुल जाए
बादशाह और नवाबजादों के घर लौटने से पहले
सब कुछ सरक जाए अपनी जगह पर
मुस्कुराते, इतराते, कुछ ऐसे कि जैसे
न हुआ हो कुछ भी दिन भर के मेले में
जैसे बटन के दबाते
सब सिमट आएँ हों
आहिस्ता से अपनी-अपनी जगह
इसके लिए देनी पड़ती है
अपनी खुशियों की आहुति

सर्दी आने से पहले
दुरुस्त हो जाएँ हीटर
बाहर उछल आएँ रजाई-कम्बल

बनने लगें गोभी-शलगम के अचार
गाजर के हलवे
इसके लिए सिन्दूर की रेखा
खींच लेनी पड़ती है थोड़ी और

बारिश में टपकती छत से
गीले न हों फर्श
रख दी जाए बाल्टी, टपकन से पहले ही
शाम ढलने से पहले आलू के पकौड़ों की खुशबू
पड़ोसी अफसरों के घर पहुँच जाए
इसके लिए ठप्प करना पड़ता है अपने सपनों का ब्लॉग

इस पर भी सर्द मौसमों के लिहाफों
गर्मी में एसी के हिचकोलों के बीच
बिस्तरों पर चढ़े
क्षितिज के पार की
औरतों के अधिकार की बात करते
न तो शहंशाह मुस्कुराते हैं, न नवाबजादे
इसके लिए
आँखों के नीचे
रखना पड़ता है
एक अदद तकिया भी।

क्योंकि तुम औरत नहीं हो

आँखों के छोर से
पता भी नहीं चलता
कब आँसू टपक जाते हैं
और तुम कहते हो
मैं सपने देखूँ

तुम देख आए तारे जमीं पे
तो तुम्हें लगा कि सपने
यों ही संगीत की थिरकनों के साथ उग आते हैं
और यहाँ सब कुछ मिलता है एक के साथ एक फ्री

नहीं, ऐसे नहीं उगते सपने

मैं औरत हूँ
अकेली हूँ
चाहे पत्रकार हूँ, डॉक्टर या वकील

मैं दुनिया भर के सामने फौलादी हो सकती हूँ
पर अपने कमरे के शीशे के सामने
मेरा जो सच है
वह सिर्फ मुझे ही दिखता है

और उस सच में, सच कहूँ
सपने कहीं नहीं होते

तुमसे बरसों से मैंने यही माँगा था
मुझे औरत बनाना, आँसू नहीं
तब मैं कहाँ जानती थी
दोनों एक ही हैं

बस, अब मुझे मत कहो
कि मैं देखूँ सपने
मैं अकेली ही ठीक हूँ
अधूरी, हवा सी भटकती

पर तुम यह सब नहीं समझोगे
समझ भी नहीं सकते
क्योंकि तुम औरत नहीं हो
तुमने औरत के गर्म आँसू की छलक
अपनी हथेली पर रखी ही कहाँ?

(तद्भव, 2009)

खुशामदीद

पीएम की बेटी ने

किताब लिखी है
वह जो पिछली गली में रहती है
उसने खोल ली है अब सूट सिलने की दुकान
और वो जो रोज बस में मिलती है
उसने जेएनयू में एम.फिल. में पा लिया है एडमिशन

पिता हलवाई हैं और
उनकी आँखों में अब उग आई है रेशमी चमक

बेटियाँ नापती ही हैं
पथरीली पगडंडियाँ
उन्हें भटकने कहाँ देंगी
पाँव में किसी ब्रांड का जूता होगा
तभी तो मचाएँगी हंगामा बेवजह
बिना जूतों के चलने वाली ये लड़कियाँ
अपने फटे दुपट्टे कब सी लेती हैं
और कैसे पैदा कर लेती हैं लपलपाती भूख से ऊर्जा
कब पी लेती हैं
दर्द का जहर
खबर नहीं होती

ये लड़कियाँ बढ़ी आगे चली जाती हैं।

ये लड़कियाँ चाहे पीएम की हों
या पूरनचन्द हलवाई की
ये खिलती ही तब हैं
जब जमाना इन्हें कूड़ेदान के पास फेंक आता है
ये शगुन है कि
आने वाली है गुड न्यूज।

भूलना, भूलना और फिर भूलना

कितना अच्छा होता है भूल जाना
वो रातें जब भरपेट खाना नहीं मिला था
सुबहें जो सर्दी के ठिठुरे कोहरे से दबी होकर भी
भाग लेतीं थीं
चाय की भाप से मुलाकात किए बिना

दोपहरिया इसी चिन्ता में कि
शाम का पहिया
जाने आज किस दिशा में घूमेगा

अच्छा ही होता है भूल जाना
फरेब के वो सारे पल
जब पूरब को बताया गया था पश्चिम
जब मन्दिर के बाहर छोड़े जूते
न मिलने पर वापिस
सोचा था
शायद यह थी ईश्वर की मर्जी

अच्छा ही होता है भूल जाना
कि इम्तिहान दर इम्तिहान
यात्रा कभी खत्म नहीं होगी

इतना सामान समेटा
यहाँ से वहाँ से
चार सोने के कंगन, दो बुन्दे, बीसों साड़ियाँ
इन सब पर तब भी भारी थी
मांग पर पड़ी लाल बारीक रेखा

अच्छा होता है भूल जाना
कि यायावरी, हैरानी, परेशानियों के बीच
मुस्कुराहटें भी आती हैं मेहमानों की तरह

कि शाम के चुप क्षणों में
सफेद होते बाल
यह कहने के लिए अक्सर होते हैं आतुर
कि नहीं हुई है उनकी उम्र अभी ढल-ढल जाने की

अच्छा ही होता है
यह भी भूल जाना कि
बात सिर्फ इतनी है कि
यह साँसों का ठेला ही तो है
क्या अपना, क्या पराया
क्या मेरा, क्या तुम्हारा

हाँ, जब तक गठरी है काँधे पे अपने
तब तक तो अच्छा ही है
भूले रहना
भूले-भूले रहना...।

सब समय की बात है

पीला कुरता, काली सलवार और काले दुपट्टे में
उसने खुद को शीशे में देखा
तो सलीकेदार ही लगा

लेकिन माँग में सिन्दूर भरने वाले को
अखरा सब
कपड़ों में पंजाबीपन था
चेहरा हरियाणवी-सा, महीनता से अकालग्रस्त
पेट-दिल्लीवालों-सा खाकर भी ना अघाया-सा
शरीर-भारत के नक्शे-सा
यहाँ-वहाँ बिखरता
और नए राज्य बनाने की माँग-सा करता
वे भूल गए
जो कमियाँ उन्हें दिखती थीं
वह ताकत थी, भारतीयता थी, उसका महिलापन थी
अभी कुछ दिन पहले तक
जब वह प्रेयसी थी
तो ये सब मखमली था
उसकी अदा था
पता नहीं, अब कौन बदल गया
क्या बदल गया।

सुर

कोई सुर अन्दर ही गूँजता है कई बार
दीवार से टकराता है
बेसुरा नहीं होता फिर भी

कितनी ही बार छलकता है जमीन पर
पर फैलता नहीं

नदी में फेंक डालने की साजिश भी तो हुई इस सुर के साथ बार-बार
सुर बदला नहीं

सुर में सुख है
सुख में आशा
आशा में साँस का एक अंश
इतना अंश काफी है
मेरे लिए, मेरे अपनों के लिए, तुम्हारे लिए, पूरे के पूरे जमाने के लिए
पर इस सुर को
कभी सहलाया भी है?
सुर में भी जान है
क्यों भूलते हो बार-बार।

(जनसत्ता, 13 नवम्बर, 2011)

सबसे ताकतवर होता है

मेरे सपने अपनी जमीन ढूँढ़ ही लेते हैं
बारिश की नमी
सूखे की तपी
रेतीले मन और
बाहरी थपेड़ों के बावजूद
खाली पेट होने पर भी
सपने मेरा साया नहीं छोड़ते
चाँद के बादलों से लिपट जाने
सूरज के माथे पर बल आने
अपनों के गुस्साने
आवाज के भर्राने पर भी
ये सपने अपना पता-ठिकाना बदलते नहीं

सपनों की पंखुड़ियाँ
किसी के भारी बूटों से कुचलती नहीं
हंटर से छिलती नहीं
बेरुखी से मिटती नहीं

सपनों का ओज
उदासी में घुलता नहीं
टूट कर बिखरता नहीं
अतीत की रोशनी की याद में

पीला भी पड़ता नहीं

वे सपने ही क्या
जो छिटक जाएँ
मौसम के उड़नखटोलों से

क्या हो सकता है
इतना निजी, इतना मधुर, इतना प्यारा, इतना सरगमी

सपनों की ओढ़नी
सपनों की बिछावन
सपनों की पाजेब
सपनों का घूँघट
सपनों की गगरी
काश! तुम होते आज पास-पाश!
तो एक सुर में कहते
सबसे खतरनाक होता है
सपनों का मर जाना
और मैं कहती
सबसे ताकतवर होता है
सपनों का खिल-मिल जाना
हिम्मत से भर जाना
फौलादी बन जाना
कवच हो जाना
हथेली की लकीरों को
आलिंगन में भर लेना कुछ इस तरह कि
सपने बस अपने ही हो जाएँ
अपनों से भी ज्यादा अपने हो जाएँ

हाँ, सबसे ताकतवर होता है
सपनों का खिल-मिल जाना।

आह!

तलाश सब जगह की
लेकिन तुम मठ में मिले
नदी की धार में
गुफा की ओट में
हवा की सरकन में
ओस की बूँद में
हथेली में चिपके उस आँसू में
जो सिर्फ तुम्हारी वजह से ही ढलके थे

फिर तलाश क्यों की
भीड़ में इतने साल
खुद भीड़ बन कर

अकेले होकर, अकेले बनकर, अकेलेपन में समाकर
कितने ही मानचित्र घुमड़ आते हैं अन्दर

इतने गीले दिन, इतनी सूखी रातें, इतने श्मशान, इतने गड्ढर
अपने अन्दर उठाकर चलने की क्या वाकई जरूरत थी

हिम्मत का न होना
न बाँध पाना सब्र
संवाद का न बना पाना कोई पुल

दबे-दबे से कितने दबावों में
सबको खुश रखने की कोशिश
ख्वाहिशों को जीतने की जद्दोजहद
खींच ले गई है कितने ही साल
झुर्रियाँ पीछे छोड़कर

इतना सब होने पर भी पिलपिले होते कागज
उस फूल को अब तक सीने से लगाए धड़क क्यों रहे हैं
जो दशकों पहले के
किसी नर्म अहसास की पुलक थे

इतने साल जीकर भी
जीना सीखा कहाँ
कब्र में पाँव लटके
तो खयाल आया
अरे, जाना भी तो था

लेकिन ये जाना भी कोई जाना हुआ
न नगाड़े बजे, न मन की माँग भरी
न पहना कभी खुशी का लहँगा

चलो, जाने से पहले क्यों न
जी लिया जाए एक बार, एक आखिरी शाम।

(आउटलुक, फरवरी 2011)

नव वर्ष में

चलो एक कोशिश फिर से करें
घरौंदा सजाने की
मैं फिर से चोंच में लाऊँगी तिनके
तुम फिर से उन्हें रखना करीने से सोच-विचार कर

तुम फिर से पढ़ना मेरी कविता
और ढूँढना अपना अक्स उसमें

मैं फिर से बनाऊँगी वही दाल, वही भात
तुम ढूँढना उसमें मेरी उछलती-मचलती सरगम

मैं फिर से ऊन के गोले लेकर बैठूँगी
फन्दों से बनाऊँगी फिर एक कवच
तुम तलाशना उसमें मेरी साँसों के उतार-चढ़ाव

आज की सुबह यह कैसी आई
इतनी खुशहाल
कुछ सुबहें ऐसी ही होती हैं
जो मन्दिर की घंटियाँ झनझना जाती हैं

लेकिन रात का सन्नाटा

फिर क्यों साफ कर जाता है
उस महकती स्लेट को

चलो, छोड़ो न, छोड़ो ये सब
चलो, किसी पहाड़ी के एक सिरे पर दुबक कर
फिर से सपनों को मुट्ठी में भर लें
चूम लें पास से गुजरते किसी खरगोश को
सरकती हवा को
गुजरते पल को

चलो, एक कोशिश और करें
एक बार और
मेरे लिए, तुम्हारे लिए, हम दोनों के लिए।

(आउटलुक, फरवरी 2011)

प्रेम

मुमकिन है बहुत कुछ
आसमान से चिपके तारे अपने गिरेबाँ में सजा लेना
शब्दों की तिजोरी को लबालब भर लेना
देखो तो इन्द्रधनुष में ही इतने रंग आज भर आए
और तुम लगे सोचने
ये इन्द्रधनुष को आज क्या हो गया!
सुर मिले इतने कि पूछा खुद से
ये नए सुरों की बारात यकायक कहाँ से फुदक आई?

भीनी धूप से भर आई रजाई
मन की रूई में खिल गए झम-झम फूल
प्रियतम,
यह सब सम्भव है, विज्ञान से नहीं,
प्रेम में आँखें खुली हों या मुँदी
जो प्रेम करता है
उसके लिए कुछ सपना नहीं।
बस, जो सोच लिया, वही अपना है।

बहुत हुआ

बस
अब रंगों जैसा ही हो जाना है
घुल जाना है

पानी जैसे
बह जाना है

पहाड़ जैसे
टिक जाना है

फिर बादल जैसे
चल पड़ना है

बर्तन जैसे
बन जाना है

रिश्ते जैसे
निभ जाना है

साथी जैसे
भूल जाना है
वो सब जो जरूरी था कभी

सब कुछ होना आसान ही है शायद
पर औरत होना
या फिर होना
खुद अपने जैसा!!
परीक्षा अब शुरू हुई है।

कहीं दूर जब दिन ढल जाए

सूरज के गोले बनाकर
चाँदी के फन्दे डाल दिए
रात भर में बना डाला ऐसा स्वेटर
कि सुबह हुई
तो सूरज शरमा गया

गमों को हीरे के गिलास में डाला
एक साँस में गटका
साँस ठंडी हुई
फिर सामान्य

हिम्मत है अँधेरे की
कि रास्ते के दीए बुझाए
हम तो दीए हथेली पर लिए चले हैं
ऊर्जा मन में है
दीए बहाना हैं
अहा
इससे बेहतर तस्वीर क्या होगी जिन्दगी की
पूछो तो इस नन्हे शावक से
यहाँ मुस्कुराहटें खुद चली आती हैं
खुशी का सबक लेने।

मेरे टीचर

परी- यही नाम है उसका
बस एक झलक पाते ही मन में बारिश की फुहार हो जाती है।

परी कुछ नहीं माँगती
हमारी तरह माँग के कटोरे लेकर फिरना शायद उसकी फितरत ही नहीं।

परी पिंजरे के निचले हिस्से में सोती है
राजा ऊपरी हिस्से में झूले पर

राजा सोकर उठता है
परी को हौले अपने पाँव से ठोकर देता है, उसे जगाता है
जतलाता है कि मर्दाना अधिकार की बात तो वह भी जानता है!

लेकिन परी और राजा जब गाड़ी की अगली सीट पर बैठते हैं
तो अठखेलियाँ खाते पिंजरे में डर जाते हैं
एक ही झूले पर बैठकर लग जाते हैं - एक-दूसरे के गले
संकट में साथ के मायने दोनों जानते हैं।

लेकिन ताज्जुब
घर में दिनभर अकेले अपने पिंजरे में बन्द दोनों जाने क्या सोचते हैं!

मैंने उनके पिंजरे के नीचे नरम घास का बिछौना बना दिया है
उन्हें यह मखमली कुदरती बिछौना बहुत पसन्द भी आया है

परी मेरी बेटी नहीं है
राजा दामाद नहीं है
लेकिन मैंने मन ही में करा दी है उनकी शादी।
अकेले नहीं रखना चाहती थी मैं परी को
जानती हूँ अकेली को निगल लेती है दुनिया।

दोनों इंसान नहीं हैं
लेकिन फिर भी हैं तो दो फुदकते जीव
दोनों तो बस आँखों की पलकों में बस गए हैं।

आप चाहें तो उन्हें तोता कह सकते हैं
आपकी आँखों को वे तोते ही दिखेंगे
लेकिन मेरे लिए तो वो मेरे सपनों की उड़नतश्तरी हैं
मेरे अपने पंख हैं
उनके पास मेरी बात सुनने का वक्त है
और मन भी!

मेरे लिए वो एक परी है
और पिंजरे के ऊपरी झूले में बैठकर अपनी चोंच से परी को सहलाने वाला
एक राजा।

नहीं—मुझे अभी उन्हें आकाश में नहीं छोड़ना।
ये मेरे कमरे में ही फुदकेंगे
मेरे आँगन में चहकेंगे
कैसे छोड़ दूँ दो महीने के इन जीवों को बाहर की दुनिया में

हम करेंगे आपस में बातें
पिंजरे के अन्दर के जीव और पिंजरे के बाहर के इंसान की

मैं जानती हूँ ये मेरे स्कूल के पहले टीचर हैं और
अभी तो हमारा सफर शुरू ही हुआ है।

अन्तस

अपने अन्दर झाँका
तो कभी बुद्ध दिखे
कभी सीता
कभी जापान, कभी पाकिस्तान

अपने अन्दर झाँका
तो कभी-कभी सुर भी सुने
कभी पंजाबी में
कभी पश्तो में
कभी चीनी में

अपने अन्दर झाँका
तो कभी प्यार का एवरेस्ट दिखा
कभी नफरत का आर्कटिक
कल ही झाँका
तो चेरापूँजी की बारिश से भीगी
थोड़ी देर बाद मिली सहारा की तपन

अन्दर इतना कुछ
कहाँ से, कब सरक आया
कोई खिड़की खुली छूट गई थी
या रह गया था दरवाजा खुला

हाँ, जिन्दगी बिताने के लिए काफी है
एक अपना अन्तस ही
पर झाँकने के लिए कम है एक पूरी जिन्दगानी भी।

कुछ जिन्दगियाँ कभी सोतीं नहीं

कुछ शहर कभी नहीं सोते
जैसे कुछ जिन्दगियाँ कभी सोतीं नहीं
जैसे सड़कें जागती हैं तमाम ऊँघती हुई रातों में भी
कुछ सपने भी कभी सोते नहीं
वे चलते हैं
अपने बनाए पैरों से
बिना घुँघरुओं के छनकते हैं वे
भरते हैं कितने ही आँगन

कुछ सुबहों का भी कभी अन्त नहीं होता
आन्तरिक सुख के खिले फूलदान में
मुरझाती नहीं वहाँ कोई किरण

इतनी जिन्दा सच्चाइयों के बीच
खुद को पाना जिन्दा, अंकुरित, सलामत
कोई मजाक है क्या।

मैं

अभी-अभी आसमान में
बादलों को तैरते देखा
जा रहे थे न जाने कहाँ
फिर बरसेंगे कभी

बादल की यात्रा
बादल खुद नहीं जानते
तो क्या बादल भी
कुछ हमारे जैसे ही हुए
अपरिभाषित, खानाबदोश, बदहवास।

यात्रा

घूमी कितना
पहाड़ के पार
नदी के पास
देश-विदेश जहाँ भी गई
जब दिल में रहा प्रेम
होठों पर कविता
तन में थिरकन
साँसों में कल्पना
तो लगा
दिल के अन्दर चलने वाली यात्रा से बड़ी
दूसरी कोई यात्रा नहीं।

संवाद

नहीं सुनी बाहर की आवाज
अन्दर शोर काफी था
इतना बड़ा संसार
हरे पेड़, सूखे सागर भी
बहुत सी झीलें, चुप्पी साधतीं नदियाँ
अन्दर रौशनी का मेला भी
सुरंगों की गिनती कोई नहीं
अपने कई, अपनेपन से दूर भी
खिलखिलाहटें अन्तहीन, नाजुक लकीरें
सपने भर-भर छलकते रहे
नहीं समाए अँजुरी में
इस शोर में बड़ी तेज भागी जिन्दगी
अन्दर का हड़प्पा-मोहनजोदाड़ो
चित्रकार-कलाकार
अन्दर इतनी मछलियाँ, इतनी चिड़िया, इतने घोंसले
बताओ तुमसे बात कब करती
और क्यों?

(हंस, मई 2011)

चौरासी हजार योनियों के बीच

सहम-सहम कर जीते-जीते
अब जाने का समय आ गया।

डर रहा हमेशा
समय पर काम के बोझ को निपटा न पाने का
या किसी रिश्ते के उधड़
या बिखर जाने का।

उम्र की सुरंग हमेशा लम्बी लगी डरों के बीच।

थके शरीर पर
यौवन कभी आया ही नहीं
पैदाइश बुढ़ापे के पालने में ही हुई थी जैसे।

डर में निकली साँसें बर्फ थीं
मन निष्क्रिय
पर ताज्जुब
मौत ने जैसे सोख लिया सारा ही डर।

सुरंग के आखिरी हिस्से से
छन कर आती है रौशनी यह
शरीर छूटेगा यहाँ

आत्मा उगेगी फिर कभी
तब तक
कम-से-कम, तब तक
डर तो नहीं होगा न!
इस मरुस्थल में

उन दिनों बेवजह भी बहुत हँसी आती थी
आँसू पलकों के एक कोने में डेरा डालते पर
बाहर आना मुमकिन न था

मन का मौसम कभी भी रुनझुन हो उठता
उन दिनों बेखौफ चलने की आदत थी
आँधी में अन्दर एक पत्ता हिलता तक न था

उन दिनों शब्दों की जरूरत पड़ती ही कहाँ थी
जो शरीर से संवाद करते थे

उन दिनों
सपने, ख्वाहिशें, खुशियाँ, सुकून
सब अपने थे
उन दिनों जो था
वह इन दिनों किसी तिजोरी में रक्खा है
चाबी मिलती नहीं।

आबूदाना

पता बदल दिया है
नाम
सड़क
मोहल्ला
देश और शहर भी

बदल दिया है चेहरा
उस पर ओढ़े सुखों के नकाब
झूठी तारीफों के पुलिन्दों के पुल

दरकते शीशे के बचे टुकड़े
उधड़े हुए सच

छुअन के पल भी बदल दिये हैं
संसद के चौबारे में दबे रहस्यों की आवाजें भी
खँडहर हुई इमारतों में दबे प्रेम के तमाम किस्सों पर
मलमली कपड़ों की अर्थी बिछा देने के बाद
चाँद के नीचे बैठने का अजीब सुख है

सुख से संवाद
चाँद से शह
तितली से फुदक माँग कर

एक कोने में दुबक
अतीत की मटमैली पगडंडी पर
अकेले चलना हो
तो कहना मत, खुद से भी

खामोश रास्तों पर जरूरी होता है खुद से भी बच कर चलना।

शायद यही हो वो

आकाश के फाहे निस्पन्द
ऊनी स्वेटर बुनती चोटियों के बीच में से गुजरते हुए
कभी रोक पाए इनकी उड़ान क्या।

समय मौन था
सोचता
सृष्टि क्यों, कैसे, किस पार जाने के लिए रची ब्रह्मा ने

आत्माएँ चोगा बदलतीं
आसमान की तरफ भगभगातीं प्रतिपल
शरीरों के दाह संस्कार
पानी में तैरते बचे आँसुओं के बीच
इतना बड़ा अन्तर

निर्माण, विनाश, फिर निर्माण की तमाम प्रक्रियाओं में
समय की बाँसुरी बजती रही सतत
वह सूक्ष्म-सा दो पैरों का जीव
इतनी क्षणभंगुर जमीन पर भी
गर्वित हो चलता कितना अज्ञानी

ज्ञान-अज्ञान, बैराग-अनुराग की सीमाओं से उठ पाना ही है
शायद
जीवन का सार।

सफर में धूप तो होगी, चल सको तो चलो

एकला कोई नहीं चलता
साथ चलते हैं अपने हिस्से के पत्थर
किसी और के दिए पठार
नमक के टीले
जिम्मेदारी से लदे जिद्दी पहाड़
दुखों के गट्ठर

कभी-कभी होता ऐसा भी है
साथ चल पड़ते हैं मीठे कुछ ख्याल
किसी के होंठों से फूटती महकती हँसी
सरकती युवा हवा
बारीक लकीर सी कोई खुशी

ये सब आते हैं, कभी भी चले जाते हैं
ठिकाना कभी तय नहीं
खानाबदोशी, बदहवासी, उखड़े कदम
लेकिन इन सबमें टिकी रहती है
पैरों के नीचे की जमीन
सर का टुकड़ा आसमान

उखड़ी-सँभली साँसें
और एक अदद दिल

एकला कहाँ, कौन, कैसे।

(जनसत्ता, 13 नवम्बर, 2011)

साँसों की गुफ्तगू

हादसे एक ही बात कहते हैं
मंगलौर में हों या मुम्बई में
इंसान के रचे हों
या कुदरत के
कि साँसों का कोई भरोसा नहीं
सबसे अनजानी, अपरिचित साँसें ही हैं
कभी भी, कहीं भी फिसल सकती हैं
अनुलोम-विलोम के बीच
जब रोकती हूँ
साँसों को कुछ पलों के लिए अन्दर ही
तो सोचती हूँ कई बार
कि जाने ये साँसें
अन्दर शरीर में कर रही होंगी क्या गुफ्तगू
क्या बताती होंगी
दिल को
दिमाग को
पेट को
अँतड़ियों को
कि कब छूटने वाली है
साँसों की गठरी

इन साँसों का क्या भरोसा
हो सकता है
जाने की तैयारी का
एक पल भी न दें

अब इन साँसों से मोह भी नहीं होता
दिखती है हर रोज मौत
कितनी-कितनी बार
इनसे दिल करता है
अब खेलूँ
पिट्ठूगरम
टेनिस की बॉल की तरह उठाऊँ
उछाल दूँ आसमान पर
लिख कर अपना पता

हादसे हर बार खुद अपने करीब ले जाते हैं
रुला जाते हैं
किसी और के हिस्से के आँसू
जब बहते हैं
अपनी आँखों से
तो मन की कितनी परतें जाने कैसे खुल-खुल जाती हैं
बहुत दिनों तक रहता है मन मुरझाया सा
हादसे रेतीली जमीन को
और पथरा जाते हैं
मौत से मिला जाते हैं गले

भरोसा नहीं अगले पल का
तब भी इतने सामान का ढोना
मौत के रुदन के सामने
इससे बड़ा व्यंग्य भला और क्या होगा।

(जनसत्ता, 30 मई 2010)

जिन्दगी, कविता, जिन्दगी

सुबह ही की तो बात है
तमाम कविताएँ बन्द करके
डाल दी थीं पिछले कमरे में
शाम हुई
वहाँ हलचल दिखी
अन्दर झाँका
कविताएँ बहा रही थीं आँसू
एक दूसरे की बाँहों में
कहतीं कुछ यों
कि नहीं रहेंगी
उसके बिना
जिसने उन्हें किया था पैदा
ये कविताएँ हमजोली थीं

फुरसत थी उनके पास
कहने को दिल का हाल

हाँ, कविताएँ थीं
तभी तो ऐसी थीं।

क्या हुआ तेरा वादा

पानी का उफान तेज था
अन्दर भी, बाहर भी
फर्क एक ही था
बाहर का उफान सबको दिखता था
अन्दर का पानी अन्दर ही बहा
उसे कौन बाँधता
न पत्थर, न बाँध
अन्दर का तूफान
खुद ही थमता है
खुद ही से थमता है
अन्दर की आवाज भी
अन्दर के कान ही सुनते हैं
वे ही जानते हैं
अन्दर के मौसम का हाल
अन्दर कभी चरमराहट होती है
कभी अकुलाहट
आहटें अन्दर के सच हैं
अन्दर अपने कदमों के निशान रोज पड़ते हैं
मिट भी जाते हैं
सिसकियाँ उठती हैं
सो जाती हैं
अन्दर की तस्वीर भला कौन सा कैमरा खींचे?

कौन उतरे इन घुमावदार सीढ़ियों से उस पार
खुद का अन्तस जानने में भी
गुजर जाते हैं बरसों बरस
अन्दर की सुरंगें, गलियाँ, महल, चौबारे
हड़प्पा, मोहनजोदाड़ो, जनपथ, राजपथ
कितने टाँगें हिनहिनाते हैं रोजमरोज
किसे पकड़ूँ, किसे छोड़ूँ
ये ख्याली तितलियाँ हैं
कभी उड़ेंगी, कभी मीनार बन जाएँगी
क्यों न आज
हँस लिया जाए
इसी ख्याल पर।

(हंस, मई 2011)

मन

अभी भी मन करता है
घूम आऊँ किताबों के मेले में
पलटूँ एक-एक पन्ना
और घर आऊँ
तो तैयार मिले माँ के हाथों का खाना
पिता की चिन्ता
लौटूँ
तो इत्मीनान से खोलूँ
किताबों का थैला
महसूस करूँ खुशबू ताजे छपे पन्नों की
उसके पहले पन्ने पर जड़ूँ इतिहास होता वर्तमान-
अपना नाम, तारीख, साल

फिर उन्हें दूँ जिल्द का तकिया
उन्हें सहलाऊँ
तकिए के पास रख
मजे से सो जाऊँ

सुबह पहली नजर फिर जाए
इन्हीं मीठे बेरों पर
उन्हें बता दूँ छुअन से

दफ्तर से आते ही
दिमागी सैर करूँगी इनके साथ

अभी भी मन करता है
न जाने क्या-क्या...।

हसरतें

धूप थी
तो मन्नत थी बरस जाए बदरा
बदरा आए
तो मन्नत थी थम जाए
थमी तो
मन्नत थी
सर्द हवा में छीलते मूँगफली
सब आता-जाता रहा
पर मन्नतें वहीं झूलती रहीं हवा में बिगड़े नवाब सी।

न जन्म के समय पूछा
न मौत पूछ के दी
बीच के रेलमपेल भी
धकेलनी होगी खुद ही
फिर भी प्रार्थना
कि लम्बी हों साँसें
भूल जाती हूँ मैं
साँसों का रजिस्टर तो तुम्हारे ही पास है।

सच

फुटपाथ से सड़क पार करने वाले भी
सड़क पार करते-करते सोचते हैं
हरी बत्ती से पहले भागना
न देखना दाएँ खड़े को, न बाएँ को
सड़क के सीने के बीचोबीच
अपनी नैया ले जाना कोई आसान है क्या

सोचते हैं फुटपाथ पर चलने वाले
थैले में जिन सपनों को सी कर
वे भागते रहते हैं सड़क के आर तो कभी पार
उन सपनों को यह फुटपाथ
पसीने की बूँदों के साथ
पीने की होशियारी सीख गया है क्या?

वो बत्ती, वो रातें

बचपन में
बत्ती चले जाने में भी
गजब का सुख था
हम चारपाई पर बैठे तारे गिनते
एक कोने से उस कोने तक
जहाँ तक उछल जाती नजर
हर बार गिनती गड़बड़ा जाती
हर बार विश्वास गहरा जाता
अगली बार होगी सही गिनती

बत्ती का न होना
अन्दर के उजाले के फूट आने
और सपनों के लहलहा उठने का समय होता
सपनों की गुल्लक उछल-मचल आती
बड़े होंगे तो जाने क्या-क्या न करेंगे
होंगे किसी दिन शायद आसमान के उस पार
सोचते इस पार के किस्से

बत्ती के गुल होते ही
जुगनू बनाने लगते अपना घेरा
उनकी सरगम सुख भर देती
पापा कहते भर लो जुगनू हथेली में

अम्मा हँस कर पूछती
कौन-सी पढ़ी नई कविता
पास से आती घास की खुशबू में
कभी पूस की रात का खयाल आता
कभी गौरा का

रात के उस सन्नाटे में मेंढक की आवाज
कहीं से उछल कर सन्नाटे में भर आती
सुनाई देती हूक
कोई अनजानी सी
लोकाट का पेड़ कहीं दूर ही कसमसा जाता

समझ में आता
बत्ती जाने पर
चरखा एक ऐसा भी है
जो चलता है बदस्तूर

तभी बत्ती आ जाती
उसका आना भी उत्सव बनता
अम्मा कहती
होती है जिन्दगी भी ऐसी ही
कभी रौशन, कभी अँधेरी
सच में बत्ती का जाना
खुले आसमान में देता था जो संवाद
उसे वो रातें ही समझ सकती हैं
जब होती थी बत्ती गुल।

(हंस, मई 2011)

झोंका जो आया अतीत की खिड़की से

अनार के दाने ही थे
वो पल
गिलहरी की तरह गुदगुदाते आए
फिर बह गए
कच्चे आमों की नटखट अठखेलियाँ
वो शहतूत की बेरियाँ
आसमान के जितने टुकड़े दिखते
अपनेपन से भरे लगते
घर का फाटक और
फाटक के पास से गुजरते लोग
उनके चेहरे के भाव
जो घर आते, वो भले लगते
न आने वाले भी किसी सुख के साये में जीते ही लगते

असल में तब परिभाषा शायद सुख की ही थी
कहाँ जाना कौन थे बुद्ध, राम या रहीम
किसी का फलसफा पढ़ा ही कहाँ था
लेकिन मन में शान्ति की चादर ऐसी लम्बी थी
कि तमाम सरहदें पार कर लेती

उन गुनगुने दिनों में रिश्ते जितने थे

अपने थे
शहरों, गाँवों, कस्बों की सीमाओं से परे

वो शहतूत अब दिखते नहीं
रिक्शे की ऊबड़-खाबड़ सवारी
सूरजमुखी के उजले-खिले से रंग
पेट में उठती उल्लास की हूक
हर शब्द से झरता प्यार
दूर तक बहती जाती कूक
सब कुछ इतिहास क्या इतनी जल्दी हो जाता है?

(हंस, अगस्त 2010)

गुल्लक

हवा रोज जैसी ही थी
लेकिन उस रोज हुआ कुछ यों
कि हथेली फैला दी और कर दी झटके से बन्द
हवा के चन्द अंश आए होंगे शायद हथेली में
गुदगुदाए
फिर हो गए उड़नछू वहीं, जहाँ से आए थे
फूल भी क्यारी में रोज की तरह ही थे
लेकिन उस रोज जाने क्यों
एक पत्ते को उँगलियों में लिया
किताब की गोद में सुला दिया
लिख दिया उस पर तारीख, महीना, साल
पत्ता इतिहास हुआ पर दे गया कोई सुकून
कि जैसे
इतिहास को बाँध लिया हो किताब की कब्र में

पल भी कई बार ऐसे ही समेटे कई बार
याद है शादी का वो एलबम
पहली किलकारी की तस्वीरें
होश में आते दिनों के ठुमकते दिन

मौसम को भी कई बार बाहुपाश में समेटा
सर्द दोपहर की घाघरे सी फैली धूप में

बाहर बैठे
कैसे बातें लिपटती गई थीं
इतिहास की तह में जाकर भी
वो दोपहरें आबाद थीं
जाने क्यों इस जीवन को छोड़ने का मन ही नहीं करता।

(नई धारा, फरवरी-मार्च 2011)

रियासत

इससे बेहतर
बल्कि बेहतरीन और कैसा बचपन होता
बचपन को सलीकेदार, हवादार, खुशबूदार बनाने के लिए
मन की फौज को रखना चाक-चौबन्द
याद रखना
दोहराना
अपनी जिन्दगी की रानी या राजा मैं खुद हूँ
बड़ी सी प्रजा भी खुद ही
यहाँ सपने मेरे अपने बड़े से खेत में उगेंगे
उनकी सिंचाई का बन्दोबस्त भी मेरे हाथ में
मर्जी होगी मेरी
कि कित्ते तारे देखना चाहूँ आसमान की स्लेट पर
किसे लिखूँ खत
बताऊँ
पिट्ठूगरम में कितनी बार जीती इस हफ्ते
अपनी गुड़िया के लिए मलमली गद्दे
अपने लिए गुलाबी फ्रॉक
बहन के लिए पिचकारी
सब मेरी फूलों की क्यारी से ही सरक कर आएँगे बाहर
बागडोर मेरे हाथ में
अपनी जिन्दगी की, थिरकन की, मचलन की
रियासतें रियासतों से नहीं बनतीं

जहन में उकरते हैं उनके नक्शे
उसके तमाम चौबारे अन्दर ही
फव्वारे भी
अन्दर की रियासत बनाने वाले
सुख बोते हैं, सुख काटते हैं, सुख पाते हैं...।

(नई धारा, फरवरी-मार्च 2011)

वो पेड़

लोकाट का वो पेड़
पठानकोट के बँगले के सामने वाले हिस्से में
एक महिला चौकीदार की तरह तैनात रहता था।

फल रसीला
मोटे पत्तों से ढका।

तब घर के बाहर गोलियाँ चलती थीं

पंजाब सुलग रहा था
कर्फ्यू की खबर सुबह के नाश्ते के साथ आती थी
कर्फ्यू अभी चार दिन और चलेगा
ये रात के खाने का पहला कौर होता था।

बचपन के तमाम दिन
उसी आतंक की कम्पन में गुजरे
नहीं जानते थे कि कल अपनी मुट्ठी में आएगा भी या नहीं
मालूम सिर्फ ये था कि
बस यही पल, जो अभी साँसों के साथ सरक रहा है,
अपना है।

लेकिन लोकाट के उस पेड़ को कोई डर नहीं था
गिलहरी उस पर खरगोश की तरह अठखेलियाँ करती
चिड़िया अपनी बात कहती
मैं स्कूल से आती तो
लोकाट के उस पेड़ के साथ छोटा सा संवाद भी हो जाता।

पंजाब में अब गोलियों की आवाज चुप है
तब जबकि बचपन के दिन भी गुजर गए
लेकिन आज भी जब-तब याद आते हैं
कर्फ्यू के वे अनचाहे बिन-बुलाए डरे दिन
और लोकाट का वह मीठा पेड़।

टीवी एंकर और वो भी तुम

किसने कहा था तुमसे कि
पंजाब के गाँव में पैदा हो
साहित्य में एम.ए. करो
सूट पहनो
और नाक में गवेली-सी नथ भी लगा लो

बाल इतने लम्बे रखो कि माथा छिप ही जाए
और आँखें बस यों ही बात बिन-बात भरी-भरी सी जाएँ

किसने कहा था दिल्ली के छोटे से मोहल्ले में रहो
और ऑडिशन देने बस में बैठी चली आओ
बिना परफ्यूम लगाए बॉस के कमरे में धड़ाधड़ पहुँच जाओ
हिन्दी में पूछे जा रहे सवालों के जबाव हिन्दी में ही दो
या यह बताओ कि
तुम्हारे पास कम्प्यूटर नहीं है
किसने कहा था बोल दो कि
पिताजी रिटायर हो चुके हैं और
घर पर अभी मेहनती बहनें और एक निकम्मा भाई है
क्यों कहा तुमने कि
तुम दिन की शिफ्ट ही करना चाहती हो
क्यों कहा कि
तुम संस्कारी जमीन की पैदाइश हो

करना चाहती हो
'सामाजिक सरोकारों' पर कुछ काम

अब कह ही दिया है तुमने यह सब
तो सुन लो
तुम नहीं बन सकती एंकर

तुम कहीं और ही तलाशो नौकरी
किसी कस्बे में

या फिर पंजाब के उसी गाँव में
जहाँ तुम पैदा हुई थी
यह खबरों की दुनिया है

यहाँ जो बिकता है, वही दिखता है
और अब टीवी पर गाँव नहीं बिकता।

(हंस, जुलाई 2008)

एक था चंचल

चंचल-
यही नाम था उसका
जब दिल्ली में बम फटा तो
उसने अपने कन्धों को
खून भरे कराहते लोगों को
उठाने में लगा दिया
बाहें उस लड़की को बचाने को मचल उठीं
जो अभी-अभी हरी चूड़ियाँ खरीद कर
दुकान से बाहर आई थी

चंचल भागा
एक-एक को उठा सरकारी अस्पताल की तरफ

वो हाँफ गया
पत्नी का फोन आया इस बीच–
कि ठीक तो हो
वह बोला–हाँ आज जी रहा हूँ
दूसरों को बचाते हुए
सुनाई दे रही है
जिन्दगी की धड़कन
इसलिए बात न करो
वह खुद खून से लथपथ था

तभी कैमरे आए
पुलिस भी

सायरनों के बीच
कोई लपका
चंचल को उठाने
वह बदहवास जो दिखता था!

लेकिन वह बोला- वह ठीक है
जिन्दगी अभी उसके करीब है
चंचल कुछ घंटे यही करता रहा
उसके पास उसके कन्धे थे
और अपना हाथ था जगन्नाथ

एक कैमरे ने खींची उसकी तस्वीर
जो छपी अगले दिन
लेकिन चंचल रहा बेपरवाह
जब उसके हिस्से का काम खत्म हुआ
वह चल निकला
अब उसने वो खाली-बिखरी जगह
मीडिया, पुलिस और नेताओं के लिए छोड़ दी।

इनकी भी जय हो

पत्रकार ने इस बार मारा जूता
गृहमन्त्री पर
कभी बुश
कभी अरुंधति राय
ये जूते खूब बोलने लगे हैं
इन जूतों की बढ़ जाती है पूछ
एक बार फेंके जाते ही

ये जूते बड़ी दूर तक जाते हैं
लेकिन समझने वाले अक्सर भूल जाते हैं
ये जूते अपनी असल जगह छोड़
किसी के चेहरे के करीब क्यों चले आते हैं?
मामला दुख का है यहाँ भी
सब्र का बाँध जब टूटता है
तो गोली, गाली, कविता
या फिर
जूता ही याद आता है।

कसाईगिरी

तुम और हम एक ही काम करते हैं

तुम सामान की हाँक लगाते हो
हम खबर की
तुम पुरानी बासी सब्जियों को नया बताकर
रुपए वसूलते हो
हम बेकार को खास बताकर
टीआरपी बटोरते हैं
लेकिन तुममें और हममें कुछ फर्क भी है

तुम्हारी रेहड़ी से खरीदी बासी सब्जी
कुकर पर चढ़कर जब बाहर आती है
तो किसी की जिन्दगी में कोई बड़ा तूफान नहीं आता

तुम जब बाजार में चलते हो
तो खुद को अदना सा दुकानदार समझते हो
तुम सोचते हो कि
रेहड़ी हो या हट्टी
तुम हो जनता ही
बस तुम्हारे पास एक दुकानदारी है
और औरों के पास सामान खरीदने की कुव्वत

तुम हमारी तरह फूल कर नहीं चलते
तुम्हें नहीं गुमान कि
तुम्हारी दुकान से ही
मनमोहन सिंह और आडवाणी के घर
सब्जी जाती है
लेकिन हमें गुमान है कि
हमारी वजह से ही चलती है
जनसत्ता और राजसत्ता

हम मानते हैं
हम सबसे अलहदा हैं
खास और विशिष्ट हैं
पर एक फर्क हममें और तुममें जरा बड़ा है
तुम कसाई नहीं हो
और हम पेशे के पहले चरण में ही
उतर आए हैं कसाईगिरी पर।

मीडिया नगरी

किताब में पढ़ लिया
और तुमने मान भी लिया
कि मीडिया सच का आईना है!

तुमने जिल्द पर शायद देखा नहीं
वह किताब तो पिछली सदी में लिखी गई थी
तब से अब तक में 'सच'
न जाने कितनी पलटियाँ ले चुका
और तुम अभी भी यही मान रही हो
कि मीडिया सिर्फ सच ही दिखाता है!

सुनो
नई परिभाषा यह है कि
मीडिया सच पर नहीं
टीआरपी पर टिका है

पर एक सच और है

मीडिया मजबूर है
और जो खुद मजबूर है
वह तुम्हें रास्ता क्या और कैसे दिखाए

हाँ, तुम ठीक कहती हो
हम-तुम दोनों मिलकर एक नए मीडिया की तलाश करते हैं
बोलो, मंगल पर चलें या प्लूटो पर
अब यह तो तुम ही तय करो
लेकिन सुनो
वक्त गुजारने के लिए
ये खयाल अच्छा है न।

कवितागिरी

रोटी बेलते हुए लगा
जिन्दगी का फलसफा गोल है
रोटी जली
तो लगा, बे-स्वाद
रोटी से माटी की खुशबू आई
मन ने कहा, जिन्दगी जीने की चीज है
दरअसल सब कुछ रोटी के करीब ही रहा
दिल के भी

बिना दिल के बनी रोटी
जैसे बेमन साँस लेती उतरती जिन्दगी
यह तो वैसे ही है
जैसे दिमाग से लिखना कविता।

गजब है

बात में दहशत
बे-बात में भी दहशत
कुछ हो, तो भी
कुछ न हो तो भी
चैन न दिन में
न रैन में।

मौसम गुनगुनाए तो भी
बरसाए तो भी
शहनाई हो तो भी न हो तो भी
हँसी आए मस्त तो भी
बेहँसी में भी

गजब ही है भाई
न्यूजरूम!
(तद्भव, जुलाई 2009)

●

लगता है
दिल का एक टुकड़ा
रानीखेत के उस बड़े मैदान के पास
पेड़ की छाँव के नीचे ही रह गया।

उस टुकड़े ने प्यार देखा था
उसे वहीं रहने दो
वो कम से कम सुखी तो है।

•

पानी में जिस दिन कश्ती चली थी
तुम तब साथ थे
तब डूबते-डूबते भी लगा था
पानी क्या बिगाड़ लेगा।

•

लगता था भरा
लेकिन खाली था
और जो असल में भरा था
उसे देखने की हिम्मत कहाँ थी।

•

लो, तुम्हें यह कविता दिखती है
ध्यान से देखो
यह सिरहाना है
आँसू इनमें बसेरा डालते हैं
ये प्रेम के अंकुर हैं
इन्हें ऊँची आवाज में न बाँचना
कब्रगाह में वैसे ही काबिज है कम्पन

•

पहले तो देर से ही आए
फिर जाने की लगी रही झड़ी

आने-जाने की आवाजाही में
पता न चला
और वक्त आ गया

•

ले चलो फिर से
लेह के उस मठ के पास
जहाँ बच्चे कात रहे थे सूत
लगा था बार-बार
मिल रहे थे वहाँ बुद्ध
मैं भी तब कहाँ थी सुध में
उस दिन समय
गोद में आकर सो गया था
उसकी पलकों में सुकून था
धड़कनों में ठहराव
काश! उस समय की नींद जरा लम्बी होती।

•

ये अपनापे की ही ताकत थी
सन्नाटे में जो जुगनू दिखे
अपनापा गया
बस डर रह गया

•

चाहत अब भी एक ही है
तुम से शुरू होती है
वहीं विराम लेती है
चाहत की डोर इतनी लम्बी, रंगीन, शर्मीली
जिन्दगी क्या चीज है

•

चाहो तो बेवफा कह लो
या कह लो बेहया
यह औरत ही थी
सिलवटों में भी
उधड़-उधड़ कर
खुद को बुनती रही।

सन्तरी

सन्तरी बाक्स से झाँकते सन्तरी ने
पाँच साल में देख लिया पूरा जीवन
सत्ता में आने के बाद की ढोलक की थाप
दीवालियों, होलियों, ईदों पर तोहफों की बारात
नए साल पर दूर तक फैली गुलाबों की खुशबू
हवा में नहाई आतीं वो एंकरनुमा लड़कियाँ
रेशम-रेशम हुए जाते अफसरान
और भी पता नहीं क्या कुछ

इस बार चुनाव में
मन्त्रीजी के पाँव के नीचे की जमीन चली गई
उस पसरे सन्नाटे में
सन्तरी के चौबीसों घंटे खड़े रहने वाले पाँव
भीगी रूई से हो गए
न कारों का काफिला
न फलों के टोकरे
न बच्चों की गूँज
न मैडम की हँसी।

उस शाम पहली बार
सन्तरी और मन्त्री की नजरें मिलीं
मन्त्री ने देखा

खाली मैदान में
आज एक वही था
जो अब भी था खड़ा
वैसा ही
भाव भी वैसा ही, हमेशा की तरह स्थिर

मन्त्री ने पूछा उसका नाम
उसके गाँव की ली सुध
आज मन्त्री को सन्तरी का चेहरा बड़ा भला लगा
सन्तरी की खिड़की में आज एक सहज शाम
खुद चली आई थी
सन्तरी के लिए इतना ही काफी था।

कहने में किसका क्या जाता है?

चुनाव से पहले गुहार लगी है
'सही' आदमी को ही वोट दो
वह अपराधी न हो, यह गौर करो

गुहार लगी है
कि यह है दुनिया का सबसे बड़ा लोकतन्त्र
तन्त्र न गड़बड़ाए
इसलिए बिलों से बाहर निकलो
भाई, इस बार जरूर वोट दो

गाने लिखने-बजाने वाले
बरसाती मेंढक भी उचक कर
आ गए हैं बाहर
वे रच रहे हैं गीत
या फिर चोरी के काम के लिए
कर रहे हैं गानों की चोरी
पक्ष के लिए, विपक्ष के लिए
बीच वालों के लिए भी
सज रही है विज्ञापनों की मंडी
पोस्टरों के बाजार में गोरपेन की क्रीम-सा निखार
लगता है कल रात ही पैदा हो गया

कमाई की फसल काटने लगे हैं
तिकड़मी पत्रकार भी

लेकिन जनता बेचारी क्या करे
इतने जोकरों के बीच
कैसे तय करे
कौन सा जोकर उसके लिए ठीक रहेगा
कौन है 'सही'

कह देना आसान है
देना वोट 'सही' आदमी को
लेकिन असल सवाल तो
'सही' और 'आदमी' के बीच ही टँगा है
क्योंकि आदमखोरों की इस बस्ती में
न 'सही' दिखते हैं
न 'आदमी'
फिर किसे दिया जाए वोट?

एक अदद इन्तजार

सपने बेचने का मौसम आ गया है
रंग-बिरंगे पैकेज में
हाट में सजाए जाएँगे
बेहतर रोटी, कपड़ा, मकान और
पढ़ाई के सपने

सपनों की हाँक होगी मनभावन
नाचेंगे ट्रकों पर
मदमस्त कुछ फिल्मी सितारे
रटेंगे डायलॉग और कभी भूल भी जाएँगे
किस पार्टी का करना है महिमा गान

जनता भी डोलेगी
कभी इस पंडाल कभी उस पंडाल
माइक पकड़े दिखेंगे उनमें कई जोकर
जो झूठ बोलेंगे सच की तरह

और जब होगा चुनाव
अंग्रेजीदाँ भारतीय उस दिन
देख रहे होंगे फिल्म
या कर रहे होंगे लन्दन में शॉपिंग
युवा खेलेंगे क्रिकेट

और हाशिए वाले लगेंगे लाइनों में
हाथी, लालटेन, पंजे या कमल
लम्बी भीड़ में से किसी एक को चुनने

वो दिन होगा मन्नत का
जन्नत जाने के सपनों का
दल वालों को मिलेंगे पाप-पुण्य के फल

उस दिन मन्दिर-मस्जिद की
तमाम दीवारें ढह जाएँगी
चश्मे की धूल हो जाएगी खुद साफ
झुकेगा सिर इबादत में
दिल में उठेगी आस
कि एक बार - बस एक बार और
कुर्सी किसी तरह आ जाए पास

सच तो है
अगली पीढ़ियों के लिए
आरामतलबी का सर्टिफिकेट
इतनी आसानी से तो नहीं मिल सकता।

(नया ज्ञानोदय, जनवरी 2009)

फिर मैं क्यों बोलू

शहर के लोग अब कम बोलते हैं
वे दिखते हैं बसों-ट्रेनों में लटके हुए
कार चलाते
दफ्तर आते-जाते हुए
पर वे बोलते नहीं

न तो समय होता है बोलने का
न ताकत

न बोलने-बतियाने का कोई खास सामान

राजनीति और अपराध पर भी
अब बहुत बातें नहीं होतीं

शहर के लोग शायद अब थकने लगे हैं
या फिर जानने लगे हैं
ऐसे शब्दों का क्या भरोसा
जो उड़कर नहीं जाते सियासत तक

इसलिए शहर के लोग अब तब बोलेंगे
जब पाँच साल होंगे पूरे

तब तक बोलना
बोलना नहीं
अपने अन्दर के सच को काटना ही होगा।

(हंस, जुलाई अंक 2008)

हम लोग

चिड़िया की खुशी का विस्तार
उसके आकार से होता है कहीं ज्यादा
लाल बत्ती होने के सेकेंड भर पहले
पार कर ली सड़क
खुश हो लिए
पानी जाने से पहले बचा लीं बाल्टियों में
भोर तक के लिए कुछ मोटी बूँदें
सेल खत्म होने के ठीक पहले
खरीद ली
हमेशा माँगती ननद के लिए साड़ी
बेटे के लिए चमकती नकली कार
सिलेंडर खत्म होने से ठीक पहले बना लिया खाना
जोड़ ली ताकत रात में फिर से पति से पिटने के लिए

चिड़िया इसी बचत में पूरी उम्र गुजार देती है
चिड़िया कब जानती है
भेड़िया तो यही चाहता है कि
चिड़िया की चाहतों का संसार
उसकी फुदकन जितना ही हो
लेकिन जरूरी नहीं कि
भेड़िया भी हमेशा सही ही हो।

चिरकुट!

ये बड़े घर के बेटे हैं
साहबजादे हैं
इन्हें धूप से दूर रखो
मलमली दूब का दो पायदान
कहीं छिल न जाएँ पाँव
कहीं चेहरे पर धूप न छोड़ जाए
कोई परछाईं
खाना दे दो इन्हें हमेशा भूख लगने से पहले
कहीं इन्हें भूख की गली दिख न लग जाए
ये राजकुमार हैं
जब सियासतदाँ होंगे
तो रट कर सुनाएँगे
गरीबी, भुखमरी, शोषण से मुक्ति की कहानियाँ
सुना है कि
अंग्रेजी स्कूलों के प्लास्टिकनुमा ये साहबजादे ही हैं
आने वाला कल।
जय हो।

कॉमनवैल्थ गेम्स 2010

नए स्टेडियम, नई सड़कें, नई इमारतें
धुला-धुला सा सब कुछ
टेबल के नीचे खुजलियों का मौसम।

खेल के अन्दर खेल
खेल के पीछे खेल
खेल में छिपे खेल
हिस्सों के खेल
दूसरों को हिस्सा न मिले, इसके खेल
नए अकाउंट खोलने
छिपने-छिपाने के खेल

और पेड़ पर बैठी चिरैया
बस में बैठा क्लर्क
इनकम टैक्स का फॉर्म भरता पेंशनभोगी
सोचता रहा
वन्देमातरम।

जय हो

वो अभी टेबल पर चार रोटी, तड़के वाली दाल, पालक-पनीर
रखकर गया है,
वो कौन है?
एक आदमी
नहीं, वो है मुर्दा बनता आदमी।

वो है एक एथलीट
लाया था जब कांस्य का लट्टू
तो घोषणाएँ हुईं दूरदर्शन पर
मिलेगी सरकारी नौकरी
कार
विज्ञापनों की शोहरत और
पैसा।

जो आया
वो ले गए भाई, मामा-मामी, चाचा-चाची और तीनों बेटे
सबका सब पर हक था
बाकी जो बचा था, वो कभी आया ही नहीं।

खेल होते रहे बार-बार
जीतने वाले छिटकते रहे
ढाबों में, स्टेशनों पर।

पर हर खेल में खेल मन्त्री का
गोल्डन पीरियड बना रहा यों ही।

खेल समृद्धि लाते हैं
पहले से ही समृद्ध लोगों के लिए।

जय हो।

आहा जिन्दगी

1

नई फ्रॉक मिली
कचनार के फूलों से लदी डाली पर
गिलहरी-सी
ठुमक-घुमक उठी
जन्नत मुट्ठी में
जमीन आसमान पर

2

दुपट्टा ओढ़ा
नजरें जैसे सारी उसी पर
सपनों के सीप भरे-भरे से
किसी सुनहरे रथ के इन्तजार में

इन्तजार की सड़क छोटी थी

3

बैलगाड़ी आई
पहियों के नीचे
सपनों ने पलकें मूँदीं

अदरक-प्याज के छौंक में
बैलवाले को चीखें न सुनीं
ये सड़क बड़ी लम्बी लगी

4

पलों का रेला है
सड़कें साँस हैं
सभी जुड़ीं, गुत्थमगुत्था
जिन्दगी सड़कों की लम्बाई मापने से नहीं चलती
चलती है जीने से
आह जिन्दगी, वाह जिन्दगी।

क्यों भेजूँ स्कूल

नहीं भेजनी मुझे अपनी बेटी स्कूल
नहीं बनाना उसे पत्रकार या वकील
क्या करेगी वह यह सब बनकर
अगर नाम कमा लेगी तो नहीं बन पाएगी पूरी औरत।

तालीम कहाँ सिखाएगी उसे
कि वह मर्द की जमीन है
उसका आसमान नहीं।
क्यों भेजूँ उसे स्कूल
इसलिए कि वह सपनों की रंगीन पतंग उड़ाना सीखे
और पतंग उड़ने से पहले ही फट जाए।

नहीं, मुझे उसे पढ़ी-लिखी नहीं बनाना
मैं तो उसे खून के आँसू पीना सिखाऊँगी

तालीम यही है।

बेटी

बेटा पैदा होता है
ताउम्र बना रहता है बेटा

बेटी पैदा होती है आँखें खोलते ही समझ जाती है माजरा
वह बन जाती है बेटा

फिर ताउम्र वह रहती है
बेटी भी-बेटा भी।

पैदाइश

फलसफा सिर्फ इतना है कि
असीम नफरत
असीम पीड़ा या
असीम प्रेम से
निकलती है
गोली, गाली या फिर
कविता।

क्योंकि कविता भी बदलती है

बचपन में कविता लिखी तो ऐसा उल्लास छलका
कि कागजों के बाहर आ गया।
यौवन की कविता बिना शब्दों के भी सब बुदबुदाती गई।
उम्र के आखिरी पड़ाव में मौन शून्यता के दरम्यान मन की चपलता
कालीन के नीचे सिमट आई।
अब उस पर कविता लिखती औरत के पाँव हैं बिवाइयों भरे।

विश्वास कर लेना
सबसे बड़ा अविश्वास है
और विश्वास के सहारे
रिश्ता बाँध लेना और भी छलावा
इन शब्दों के अर्थ भी खुलेंगे जरूर
जरा जिन्दगी को ढलान पर आने दो।

ये तेरा घर, ये मेरा घर

दाल में नमक कम
सब्जी में जरूरत से ज्यादा
लेकिन साइंस में नम्बर पूरे
पर अब कहाँ काम आ रही है साइंस
होम साइंस में ही अटक गई धुरी

•

स्कूल में डर नहीं था
फिसलने का
अब स्कूल नहीं है
फिसलन भी नहीं
फिर भी डर है।

•

चलो चुप ही रहते हैं
बताने का कोई फायदा नहीं
तुम विश्वास करोगे नहीं
मेरे शब्द नाहक बह जाएँगे
और बेवजह होगा दर्द
कि सच की सड़क
सँकरी है अभी भी।

ठगिनी माया

सफर ठगे जाने के बाद शुरू होता है
अपने से
पराये से
किसी पराये अपने से

बीचोबीच रौशनी के बुझने
सुरंग के लम्बे खिंच जाने
मायूसी की लंबी लकीर के बीच
ठगे जाने के मुहावरे हमेशा पुराने होते हैं
लेकिन ठगा गया इंसान नया
और उससे निकला सबक भी।

उलझनों के फन्दे हैं

जीवन में जब बढ़ जाती है दुविधा
तो मन को भाती है कविता
कविता में ही दिखते हैं फिर वो सच
जो अनबोले रहते हैं मन के भीतर

•

पूरी रात आँखों में बीती
लेकिन बीती यादें फिर भी बीत न सकीं या तो यादें अब लम्बी हो गई हैं
या रातों में अब वो बात न रही।

•

तुम सोचते हो
मैं कविताएँ लिखती हूँ
भूल जाते हो
ये कविताएँ नहीं
आत्मकथा है
इसमें मेरी ही आत्मा है
अपना कथन है
इन्हें छापने के लिए किसी प्रकाशक की जरूरत नहीं

•

तुम्हें वह पानी ही लगता है
जो सूख जाता है आँखों की किनारी पर
यह पानी नहीं
खारा समन्दर है
जो मुझसे मिलने रोज आता है
यह आगन्तुक नहीं
अपना है
तुमसे कहीं ज्यादा करीबी, भावुक, इंसानी

•

मुझे गाना नहीं आता
नहीं लिख सकती कविता
पढ़ी कुछ जमातें
देखे कुछ आषाढ
लेकिन जो प्रेम का पहाड़ा
पीड़ा का पहाड़
फरेब के टीले
उलझनों के फन्दे
मेरे खाते में
कर दिए हैं तुमने जमा
वो गणित से आगे की चीज है।

•

मैं जानती हूँ
कोशिश मुझे ठगने की है
मैं जानती हूँ
बात हथियाने की है
जानती हूँ सब
मकसद क्या है

पर यह मजबूरी ही है
कि तब भी ठगी ही जा रही हूँ।

•

हाथों की लकीरों को शरारत सूझी
सरक कर उँगलियों तक पहुँच गईं
कलम थामे उँगलियाँ तय करेंगी
अब दशा भी, दिशा भी

•

तालीम दिमाग ने सोखी पूरी
पर दिल अनपढ़ ही रहा
खिड़कियाँ दिमाग की खुली नहीं पूरी
दिल उदास ही रहा।

बेमतलब सवाल

मुझसे पूछ रही है मेरी बहन
कि मैं कैसी हूँ।

शादी के बाद एक आम घर की लड़की जैसी ही हूँ।

इसलिए मत पूछो यह सवाल।
मैं सच बोल नहीं पाऊँगी
और झूठ तुम भाँप ही लोगी।

इसलिए बेहतर है
कि हम हँसी में ही टालें सवाल
और उछालें घर-परिवार-खान-पान की बातें।

●

शादीशुदा लड़की से
यों ही न पूछा करो सवाल
सवाल अन्दर तक छीलते हैं
जो भर नहीं सकते
उसे छीलते क्यों हो?

उर्मिला

तुम्हारी कद्र न राम ने की
न सीता ने
न लक्ष्मण ने
और
न ही इतिहास ने
लेकिन उर्मिला
मुझे तुम्हारे आँसू कई बार भिगोते हैं।

लक्ष्मण कर्तव्य की राह पर
चल पड़े संग राम-सीता के
वे भूल गए
कि वे उसको जा रहे हैं छोड़ कर पीछे
जो अर्धांगिनी थी
लक्ष्मण की भक्ति दर्ज हो गई इतिहास में
हो गए वे अमर
लेकिन तुमने कैसे काटे 14 साल
यह सिर्फ तुम्हीं समझ सकती हो
या फिर कोई वह
जिसे पति तो मिला हो
लेकिन पति प्रेम नहीं।

बहूरानी

नौकरानी और मालकिन
दोनों छिपाती हैं एक-दूसरे से
अपनी चोटों के निशान

और दोनों ही लेती हैं
एक-दूसरे की सुध भी

मर्द रिक्शा चलाता हो
या हो बड़ा अफसर
इंसानियत उसके बूते की बात नहीं।

●

बड़े घर की बहू को कार से उतरते देखा
और फिर देखीं अपनी
पाँव की बिवाइयाँ
फटी जुराब से ढकी हुईं
एक बात तो मिलती थी फिर भी उन दोनों में–
दोनों की आँखों के पोर गीले थे।

मैं

मैं अपनी कविता खुद हूँ
यह कविता तो पीर से निकली है
कबीर तक जाएगी
कागज पर उतरे, न उतरे
यह मेरा मरहम है
मेरे रिसते घावों की गलियों से गुजरते हुए
कम से कम
मेरे अन्दर तो जम ही जाएगी।

बस यों ही

पानी बरसता है बाहर
अन्दर सूखा लगता है
बाहर सूखा
तो अन्दर भीगा
हवा चलती है
मन चंचल
कुछ ज्यादा बेचैन हो उठता है।
सियासत होती है तो
अन्दर बगावत हो जाती है
दिक्कत फितरत में है
या बाहर ही कुछ चटक गया है।

•

रब से जब भी मिलने गए
हाथ जोड़े
फरमाइश की फेहरिस्त थमा दी
कुछ यों जैसे
आटे चावल की लिस्ट हो।

मोल भाव भी किया वैसे ही
कि पहली नहीं है
तो दूसरी ही दे दो

नहीं तो तीसरी।
जो दो रहे हो, वह जरा अतिरिक्त देना
और मुझसे लेने में रखना एहतियात।

रब के यहाँ डिस्काउंट नहीं लगता
नहीं मिलती सेल की खबर
पर जमीन के दुकानदार तब भी कर ही डालते हैं
अपनी दुकानदारी।

लिखा जो खत मैंने

कोशिश सिर्फ इतनी थी
लिफाफे में बन्द कर खत भेजूँ
चन्द लफ्ज हों
चन्द कतरे जिन्दगी के।

बहुत बन्द किया लिफाफे को मैंने
लगा दिए तमाम औजार
अपनी ताकत
पर लिफाफा भारी हो ही गया।
उससे झरने लगे मन के पत्ते यहाँ-वहाँ।
अब खुला खत कैसे भेजूँ?

•

कविता बदल जाती है रोज,
चेहरे पर उतरती झुर्रियों की तरह
लेकिन दिखती नहीं
ठीक वैसे ही
जैसे तुम्हारी गली के ठीक पीछे
कोई बाँट रहा है तुम्हारे नाम की चिट्ठियाँ
तुम्हें पता लगता है क्या?

ख्याल ही तो है

क्या वह भी कविता ही थी
जो उस दिन कपड़े धोते-धोते
साबुन के साथ घुलकर बह निकली थी
एक ख्याल की तरह आई
ख्याल ही की तरह
धूप की आँच के सामने पिघल गई
पर बनी रही नर्म ही।

बाद में सिरहाने में आकर सिमट गई
भिगोती रही
बोली नहीं कुछ भी
पर सुनती रही
बेशर्त

रात गहरा गई
वह जागती रही
बिना शिकायत के जो साथ थी
हाँ, शायद वह कविता ही थी।

खट्टा-मीठा

मीठा खाने का मन था आज भी
कुछ खट्टे का भी
अंगूर सा उछलता रहा मन
नमकीन की तड़प भी अजनबी थी
शाम होते-होते
थाल में नीम के कसौरे थे
कुनबे को परोसने के बाद
स्त्री के हिस्से यही सच आता है।

अधूरी कविता

थके पाँवों में भी होती है ताकत
देवदारों में चलते हुए
ये पाँव
झाड़ियों के बीच में से राह बना लेते हैं
गर
भरोसा हो
सुबह के होने का
साँसों में हो कोई स्मृति चिन्ह
मन में संस्कार
और उम्मीदों की चिड़िया
जिन्दा है अगर
तो जहाज के पंछी को
खूँटे में कौन टाँग सकता है भला।

पूर्ण विराम

इमारत राष्ट्रीय महत्व की थी
इतिहास दबा था
शहंशाहों का
राज-पाट की कहानियों का
सहमी हुई सिसकियों का
कभी इमारतों में ठहर कर
धूप भी सिहरा करती है

काँपते सच
न तो धूप ला सकती है बाहर
न सरकार
यहीं विराम लगा दो न।

❑❑❑